# Orando com confiança



ESTUDO BÍBLICO DA SÉRIE *DESCOBRINDO A PALAVRA*
Para grupos ou estudo individual

A decepção tem sua maneira de silenciar as orações. Pode ser difícil orar quando você está amargurado e com raiva das pessoas que você acredita que estão arruinando a sua vida. Pode ser ainda mais difícil de orar ao sentir que o próprio Deus o decepcionou. Deus entende os seus sentimentos. Afinal, Ele preparou um caminho para você chegar com confiança ao Seu trono de graça. Nas páginas seguintes, David Egner oferece ajuda aos que perderam a confiança em Deus e em sua própria habilidade de saber que Ele os está ouvindo quando oram.

*—Mart DeHaan*
*Ministérios RBC*

Este guia de estudos bíblicos baseia-se no livreto da série *Descobrindo a Palavra* de Ministérios RBC, *Orando com confiança.* Com aproximadamente 80 títulos traduzidos para a língua portuguesa, esta série de estudos aborda uma variedade de assuntos contemporâneos que retratam a caminhada cristã à luz de uma perspectiva bíblica. Estes livretos de 32 páginas são um manancial de recursos para obter discernimento em seu estudo da Palavra de Deus. Descubra mais sobre estes livretos acessando o site www.publicacoesrbc.com.br

O livreto *Orando com confiança* foi escrito por David Egner, membro da família de Ministérios RBC. Ele é um dos escritores do *Pão Diário* e da série *Descobrindo a Palavra.*


| | |
|---|---|
| Editora: | Ministérios RBC |
| Editor Administrativo: | Dave Branon |
| Editores: | Dave Branon, Rita Rosário |
| Tradução: | Elizabeth Hecke |
| Revisão: | Daniela Mallmann, Thaís Soler |
| Projeto Gráfico: | Steve Gier, Audrey Novac Ribeiro |
| Guia de Estudos: | Sim Kay Tee, Bill Crowder |
| Fotos: | Terry Bidgood |





ministérios rbc

Código: MM712

ISBN: 978-1-60485-825-9

*Impresso no Brasil / Printed in Brazil*

# Sumário

# Como usar

## GUIA DE ESTUDO BÍBLICO DA SÉRIE *DESCOBRINDO A PALAVRA*

### O propósito

Os estudos bíblicos da série *Descobrindo a Palavra* oferecem ajuda para pastores e líderes leigos utilizarem em discipulado. Contém lições adaptadas dos livretos da série *Descobrindo a Palavra* de Ministérios RBC e estão incluídos alguns artigos das páginas do livreto devocional *Pão Diário*. Esta série utiliza o método indutivo de ensino para ajudar os cristãos a compreenderem melhor a Bíblia.

### O formato

**LEITURA:** cada caderno de estudo é dividido em lições. Para cada lição, o leitor encontrará um aspecto no qual poderá aprofundar-se melhor. Cada estudo inclui a seção ENFOQUE e UM POUCO DE TEOLOGIA que ajudará a meditar sobre o material. Estas seções podem ou não ser utilizadas como início de discussão para sessões em grupos.

**QUESTIONÁRIO:** ao final da leitura há um GUIA DE ESTUDO que ajuda o leitor a refletir sobre o assunto proposto. Se você for o líder de um grupo de estudo, peça a cada participante para estudar o guia de estudo antes do encontro. Não se sinta obrigado a completar todas as perguntas, permita que o interesse dos participantes oriente o curso da discussão. Planeje um estudo de 45-50 minutos. As perguntas são adequadas para estudo individual ou em grupo. Confira a seguir as partes deste guia de estudos.

**PARA MEMORIZAR:** uma passagem bíblica que enfatiza uma verdade divina, de fácil memorização.

**QUEBRA-GELO:** uma pergunta de interesse geral para favorecer a discussão (em grupo) ou a contemplação (individual).

**REFLEXÃO:** perguntas que ajudarão o grupo ou o aprendiz a interagir com a leitura. Estas perguntas facilitam a compreensão de conceitos críticos.

**UM PASSO ADIANTE:** um estudo indutivo de uma determinada passagem das Escrituras, lembrando o grupo ou aprendiz sobre a importância desta como autoridade final.

**APROFUNDAMENTO:** há dois segmentos nesta fase: O item REFLETIR sugere maneiras de comparar as ideias da lição com ensinamentos em outras partes da Bíblia. O item APLICAÇÃO desafia o grupo ou aprendiz a praticar o ensinamento em seu dia a dia.

***PÃO DIÁRIO:*** ao término das seções do guia de estudo bíblico, o leitor encontrará um artigo do *Pão Diário* relacionado ao tópico em estudo. Você poderá usá-lo para posterior reflexão ou como introdução para um momento de oração.

*Para outras sugestões sobre o uso do estudo bíblico da série* Descobrindo a Palavra, *utilize o guia do líder e do aprendiz na página 56.*

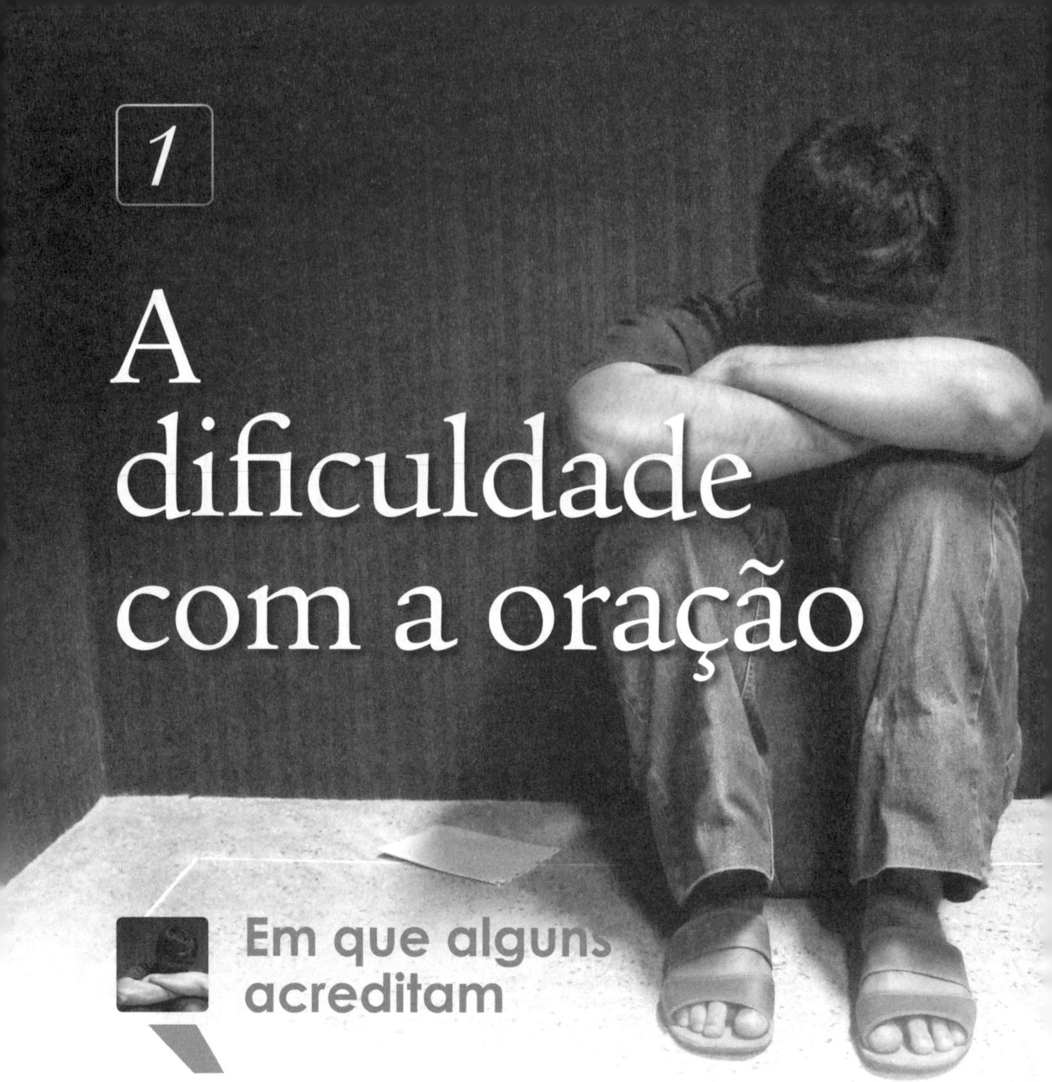

# 1

# A dificuldade com a oração

## Em que alguns acreditam

À minha frente sentou-se um grupo de adultos solteiros que se reuniram para fazer um estudo sobre oração. Eu distribuí uma folha de papel que começava com esta afirmação: "Quando se trata de oração, eu ________________." Eles deveriam preencher os espaços em branco.

Como você responderia? Antes de continuarmos, pode ser útil para você fazer simplesmente o mesmo. Complete esta sentença:

**"Quando se trata de oração, eu ___________________________**

**___________________________________________________________**

**___________________________________________________________**

**___________________________________________________________**

**__________________________________________________________."**

Fiz uma tabela sobre o que o grupo havia escrito, os resultados foram distribuídos nas seguintes categorias:

- **"Não oro o suficiente."**
- **"Não sei sobre o que orar."**
- **"Não sei se adianta orar."**

Achei que essas respostas eram comuns. Embora alguns poucos falem com empolgação brilhantemente sobre a facilidade com a qual eles conversam com Deus em todos os momentos, muitos parecem enxergar a oração como uma batalha algumas vezes vencida, outras tantas perdida.

É compreensível que a oração nem sempre seja espontânea. Corretamente entendida, ela não é somente emoção endereçada a Deus. É também uma expressão de fé que muitas vezes é fraca e pequena. É uma arma de guerra espiritual usada para lutar pelo território contestado. É o reflexo de um relacionamento com Deus que com frequência é interrompido e tenso devido à nossa própria ignorância, desatenção e insensibilidade. É uma expressão de confiança em Deus que muitas vezes é substituída por sentimentos de decepção.

No início de nossa caminhada cristã, oramos com grandes expectativas. Presumimos que Deus nos concederá os desejos mais profundos do nosso coração e que pela oração experimentaremos a proximidade e felicidade que ansiamos. Com nossa confiança em Deus, acreditamos que superaremos qualquer problema.

Em seguida, pedimos a Deus por algo importante para nós e não o obtemos. Garantimos a amigos doentes que estamos orando por sua recuperação, mas eles não melhoram. Oramos na presença de nossas famílias pela solução de problemas que os afetam, somente para ficarmos esperando por meses e meses, enquanto Deus parece nos ignorar. Suplicamos sinceramente e com frequência pela restauração espiritual de nossos amados, mas eles permanecem frios com Deus.

Vagarosamente o desapontamento toma forma. Perdemos nosso entusiasmo pela oração. Em breve, oramos somente às refeições. Passamos por uma fase em que não apresentamos ao Senhor nada que realmente nos seja importante por que não suportamos outra rejeição. Paramos de nos comunicar com Deus.

# Decepções

Pense um minuto sobre o seu relacionamento de oração com Deus. Se você parou de crescer em oração foi por causa de uma verdadeira decepção?

- **Decepção com Deus.** "Pedi e acreditei que Deus curaria minha filha. Mas mesmo assim ela perdeu sua luta contra o câncer. Estou confuso e com o coração partido."
- **Decepção com outros.** "Tenho dificuldade de orar quando estou com muita raiva de pessoas que estão arruinando minha vida."
- **Decepção com nós mesmos.** "Eu quis orar, ansiei por isso e tive a melhor das intenções, mas simplesmente não fui capaz de me mexer."

É necessário fé e coragem para lidar com um relacionamento humano interrompido. O mesmo acontece com nosso relacionamento com Deus. O primeiro passo é admitir o problema. Em seguida, devemos trabalhar para superar a decepção e reconquistar nossa confiança em Deus. O restante deste livreto foi escrito para ajudar a construir essa confiança.

Mas, antes que continuemos, deixe-me falar particularmente por um momento. Eu sei o que significa estar decepcionado com as voltas e reviravoltas da vida. Às vezes as mais perturbadoras experiências envolveram o que Deus permitiu na vida daqueles mais caros ao meu coração. Uma dessas situações envolveu a saúde de meu querido neto. Natã nasceu com uma imunodeficiência. Seu pequeno corpo não tinha mecanismos de defesa para lutar contra as doenças. Nos primeiros anos de sua vida assistimos, sem poder ajudar, o pequeno Natã lutar contra uma série de infecções nas vias respiratórias superiores. Deus não parecia responder as nossas súplicas. Hospitalizações eram comuns.

A família toda estava assustada. Poderíamos confiar em Deus, mesmo se Ele não respondesse nossas orações para esse ser tão querido aos nossos corações?

Os médicos nos disseram que o sistema imunológico, em 60% dessas crianças, "entra em ação" por volta dos três anos de idade. Ao mesmo tempo que aquela informação oferecia alguma esperança, também nos deixava com a percepção de que 40% das crianças não desenvolvem as defesas contra as infecções. Olhei inúmeras vezes para aquele pequeno corpo sem defesas e orei por ele.

No início eu era consumido pelos "e se" da condição de Natã. Com o passar do tempo, o foco das minhas orações mudou. Eu não era mais absorvido pela dor que sentia. Eu me vi usando poucas palavras. Lutei em favor de meu neto, muitas vezes em silêncio. Com o tempo eu orava simplesmente: "Deus, faça o melhor. Somente o Senhor sabe, e eu confio em ti e em Tua bondade. Quero muito que o Senhor cure o meu neto. No entanto, Tua vontade seja feita."

Quando Natã tinha quase três anos, começou a ter menos infecções. Então, novos testes foram feitos: Deus misericordiosamente permitiu que Natã fosse um dentre os 60% que superam a imunodeficiência.

Por tais incontroláveis circunstâncias da vida eu aprendi a confiar em Deus na escola da oração. Às vezes eu agradeci por Seu "sim". Em outras, enxerguei a sabedoria de um "não". Até mesmo aprendi algumas vezes a alegrar-me em Deus no processo de espera de Sua resposta.

Mesmo assim, ainda me vejo caindo em desânimo conforme as circunstâncias. Anseio pelo tipo de poder que me daria o controle que Elias teve sobre as condições físicas (Tiago 5:16-18). No entanto, com o tempo, aprendi que a verdadeira confiança na oração não se encontra ao projetar os meus desejos em Deus. Em vez disso, encontrei confiança ao aprender alguns princípios de oração simples, porém profundos. Eles não dependem de nossa habilidade em ser eloquentes ou espiritualmente perspicazes. Eles têm qualidades básicas que são aprendidas na escola de oração do nosso Senhor.

# 1 A dificuldade com a oração

**GUIA DE ESTUDO**

*leia as páginas 6–9*

PARA MEMORIZAR

Salmo 13:6

Cantarei ao SENHOR, porquanto me tem feito muito bem.

**Para compreender porque a oração é com frequência uma luta.**

## Quebra-gelo

Como você preencheria os espaços em branco da página 6: "Quando se trata de oração eu________________." Por que você se sente desta maneira sobre a oração?

## Reflexão

**1.** Quais das três áreas de decepção listadas na página 8 você já experimentou? Que impacto isso teve em sua atitude em relação à oração?

**2.** Você já teve alguma crise pessoal ou familiar que se assemelhe à descrita nas páginas 8 e 9? Ao passar por essa crise, de que maneira a oração fez parte do processo?

**3.** O que David Egner quis dizer quando falou: "A verdadeira confiança na oração não se encontra ao projetar os meus desejos em Deus" (p.9)? Como fazemos isso? Como podemos evitar este erro?

## Um passo adiante

### Aplicação

Quais são os elementos da oração descritos no livro de Tiago 5:16? Qual afirmação no versículo valida a sabedoria da oração e de que maneira descreve a intenção de quem ora?

## Aprofundamento — Leitura: Salmo 13:1-6

1 Até quando, Senhor? Esquecer-te-
-ás de mim para sempre? Até quan-
do ocultarás de mim o rosto? 2 Até
quando estarei eu relutando dentro
de minha alma, com tristeza no
coração cada dia? Até quando se
erguerá contra mim o meu inimigo?
3 Atenta para mim, responde-me,
Senhor, Deus meu! Ilumina-me os
olhos, para que eu não durma o
sono da morte; 4 para que não diga o
meu inimigo: Prevaleci contra ele; e
não se regozijem os meus adversá-
rios, vindo eu a vacilar. 5 No tocante
a mim, confio na tua graça; regozije-
-se o meu coração na tua salvação.
6 Cantarei ao Senhor, porquanto
me tem feito muito bem.

**1.** Que situação Davi enfrentava e contra qual questão lutava quando escreveu este salmo?

**2.** O que podemos descobrir sobre a confusão interior e emocional de Davi? O que aparece mais claramente — o desespero de Davi ou sua confiança? Por quê?

**3.** Por que Davi se alegrou ao final (v.6)? O que o fez mudar de ideia? O que podemos aprender com a honestidade e ousadia de Davi para Deus?

### Momento de oração

Na página seguinte, utilize o artigo do *Pão Diário* como guia para o devocional e momento de oração, relacionando o artigo com o tema oração.

## Refletir

Pense sobre uma situação em que a sua confiança em Deus foi testada por orações "não respondidas". Como você se sentiu em relação a Deus? Por que Deus disse não para você?

A resposta mais comum para a oração "não respondida" é a que Deus sabe o que é melhor para você. Esta resposta atende satisfatória e adequadamente — mesmo quando o sofrimento ou a morte resultam da negativa de Deus? Por que sim ou por que não?

# As respostas demoradas de Deus

Na escola de oração, a agenda do cristão não é apenas uma série de lições fáceis planejadas para demonstrar como nossas petições muitas vezes trazem respostas espetaculares e imediatas. Cedo ou tarde, nosso curso inclui lições difíceis sobre respostas adiadas.

George Matheson comentou: "Com frequência fiz orações para as quais a única resposta parecia ser o eco de minha própria voz, e gritei em desespero: 'Por que estás tão longe de me ajudar?' Mas eu nunca pensei que o aparente distanciamento era de fato a proximidade de Deus; que o próprio silêncio era uma resposta! Isto era verdade também na casa de Betânia. Eles não tinham pedido demais, mas sim muito pouco. Tinham pedido somente pela vida de Lázaro, mas receberam em troca uma demonstração especial do poder de Cristo e uma nova revelação de vida eterna!"

Quando eu era jovem, contraí uma doença no quadril. Como eu estava à beira da morte, meus pais oraram para que a doença pudesse ser curada. Deus poupou minha vida, mas a infecção permaneceu, aleijando-me uma das pernas. Muitos anos depois, fui rejeitado do serviço militar por causa de minha incapacidade física. Outros acontecimentos significativos ocorreram e meus pais começaram a entender, em parte, por que suas orações não tinham sido totalmente respondidas. Deus tinha uma tarefa especial para mim e Suas respostas adiadas eram parte de Sua preparação para um ministério de louvor e de textos escritos.

Sempre vale a pena esperar o tempo de Deus!

*—Henry Bosch*

SALMO 4:1

Responde-me quando clamo, ó Deus...

SALMO 22:1

Deus meu, Deus meu, por que me desamparaste?...

# 2 Aproxime-se de Deus por meio do único Mediador

A mediação foi ideia de Deus. Ele sabia que nós tínhamos problemas para confiar nele, mas não poderia ignorar o que nós estávamos fazendo. Por essa razão, Deus ofereceu a mediação. Para resolver as diferenças que apareceram entre nós, Ele enviou o único que poderia compreender e ser solidário com nossa condição, ao mesmo tempo que representaria os interesses celestiais.

Este mediador se identificou tanto conosco e se envolveu tanto com os nossos problemas que acabou por clamar: "...Deus meu, Deus meu, por que me desamparaste?" (Marcos 15:34). No entanto, três dias após aquele mesmo momento inexprimível, ficou evidente que o Mediador tinha sido vitorioso. Por meio de Seu grande sacrifício, nosso Mediador removeu a barreira que havia interrompido o nosso relacionamento com Deus.

Nós ainda pecaríamos. Ainda estaríamos cegos pelos nossos próprios desejos e nosso orgulho obstinado. Ainda nos encontraríamos cheios de arrependimento e estaríamos confusos sobre o que Deus estaria fazendo em nossas vidas. Mas nunca mais teríamos razão para duvidar do amor do Pai por nós. Nunca mais seria convincente argumentar que o Pai não se importava, que Ele não era sensível aos nossos problemas, ou que Ele nos havia deixado morrer à mercê de nossas circunstâncias. Nunca mais teríamos que nos aproximar de Deus em oração sem a garantia de que Ele queria falar conosco muito mais do que nós queríamos falar com Ele.

Sem essa obra de mediação, poderíamos duvidar de que Deus nos ouve quando oramos. Poderíamos compreender, a partir de nossas circunstâncias, que Ele não se importa. Mas agora a lembrança do que aconteceu com o nosso Mediador na cruz pode nos restaurar a confiança todas as vezes que nos aproximamos de Deus em oração. Agora podemos nos encorajar pelo fato de não precisarmos nos aproximar de Deus com nossa reputação manchada pelo pecado. Não vamos a Ele em nosso próprio nome. Não nos aproximamos dele com nossas próprias palavras cuidadosamente escolhidas. Vamos a Ele pelos méritos do Único que pagou por todos os nossos pecados com Seu próprio sangue. Chegamos diante de Deus em nome e no interesse de Seu amado Filho, Jesus Cristo.

## Confiança no sacrifício do passado

Esta forma de aproximação sempre esteve no plano de Deus para nós. Muito antes da chegada de nosso Mediador, o projeto para tal aproximação a Deus foi ilustrado no tabernáculo e na adoração no templo de Israel. Por muitos séculos, Deus deixou claro que Seu povo deve se aproximar dele com base em um sacrifício de sangue. Mas somente na vinda e sofrimento de Cristo, nós vemos que aqueles sacrifícios ilustravam o sofrimento violento e morte do próprio Filho de Deus.

Havia no mesmo templo, em um lugar que significava a própria Presença de Deus, um altar de incenso. Este, ao queimar-se, por sua fragrância e movimento ascendente, simbolizava as orações que agradam a Deus. Significativamente, este incenso era aceso por um carvão retirado do altar do sacrifício (Êxodo 30:7-10). Na mente de Deus há uma conexão entre o sacrifício e as orações pelas quais nos aproximamos dele.

Nosso Mediador nos assegurou esta ligação entre o sacrifício e a oração. Ele ofereceu um sacrifício aceitável a Deus. Em seguida, nos encorajou a entrar na presença de Deus em Seu próprio nome. Nesta confiança, o autor do livro de Hebreus escreveu:

> *Tendo, pois, a Jesus, o Filho de Deus, como grande sumo sacerdote que penetrou os céus, conservemos firmes a nossa confissão. Porque não temos sumo sacerdote que não possa compadecer-se das nossas fraquezas; antes, foi ele tentado em todas as coisas, à nossa semelhança, mas sem pecado. Acheguemo-nos, portanto, confiadamente, junto ao trono da graça, a fim de recebermos misericórdia e acharmos graça para socorro em ocasião oportuna (Hebreus 4:14-16).*

Nesta passagem, estar na presença de Deus é como estar na sala do trono. Na Europa e Oriente Médio, as salas do trono dos reis eram ornamentadas, elaboradamente decoradas e repletas de súditos. As pessoas comuns se sentiam inferiores e intimidadas — os mesmos sentimentos que podemos ter ao nos aproximarmos de Deus em oração. Mas pela mediação e conhecimento de Cristo, podemos andar confiantemente na presença de Deus sem nos sentirmos intrusos indesejáveis. Aproximamo-nos em nome e nos méritos do Filho de Deus e assim temos acesso ao Pai a qualquer tempo. Temos um convite com o selo real para orar em qualquer tempo, sob qualquer condição, sejam quais forem nossas circunstâncias ou necessidades, por que este é um "trono de graça". Graça é bondade e socorro imerecidos. Este é o tipo de ajuda que nosso Mediador nos assegurou.

---

## ENFOQUE

"À medida que o doce incenso 'subia perante o Senhor' [no tabernáculo] o aroma tornava-se perfume para Ele, da mesma forma que as orações e louvores de Seus santos são suaves aos Seus ouvidos. Aceitas e respondidas com base na obra expiatória de nosso grande Sumo Sacerdote, elas se tornaram uma parte vital de nossa adoração. "

—Louis T. Talbot, Cristo no tabernáculo

# Confiança no Advogado no presente

E ainda há mais! Podemos nos aproximar do "trono de graça" com a confiança em nosso Mediador, por que Sua obra por nós continua. Neste momento, Ele está ao lado direito de Deus intercedendo em nosso favor (Romanos 8:34). No mérito de Seu sacrifício, o Senhor Jesus é nosso Intercessor. Ele está com o Pai na sala do trono, falando em nosso favor. O apóstolo João expressou-se desta forma:

> *...Se, todavia, alguém pecar, temos Advogado junto ao Pai, Jesus Cristo, o Justo; e ele é a propiciação pelos nossos pecados... (1 João 2:1-2).*

Por que razão nos contemos? Como poderíamos nos sentir hesitantes ou sem valor ao orar quando o próprio Jesus Cristo, com base em Seu sacrifício, está neste momento diante do Pai intercedendo por nós?

---

## ENFOQUE

"Defensor é somente um termo fantasia para um advogado, alguém que defende sua causa perante a corte de justiça. João escreve: '...Se, todavia, alguém pecar, temos um Advogado junto ao Pai, Jesus Cristo, o Justo'(1 João 2:1). Jesus se apresenta a Deus em nosso nome e diz: 'Pai, Eu sei que eles são pecadores, mas se arrependeram e Meu sangue os purificou. Eles pertencem a mim'.

De fato, temos dois defensores divinos. O Espírito Santo é o advogado entre os cristãos para representar Jesus para nós. Jesus é o nosso Defensor no céu para nos representar diante do Pai."

—Adrian Rogers

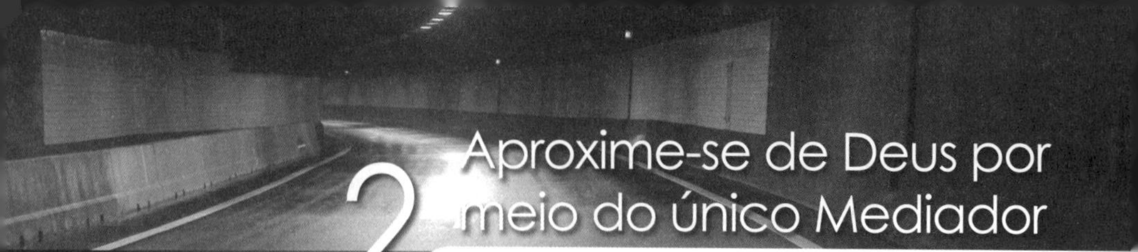

# 2 Aproxime-se de Deus por meio do único Mediador

**GUIA DE ESTUDO**

*leia as páginas 13–17*

**Para compreender que Cristo, nosso Sumo Sacerdote e Advogado, nos dá confiança para orar.**

PARA MEMORIZAR
1 João 2:1
...Se, todavia, alguém pecar, temos Advogado junto ao Pai, Jesus Cristo, o Justo.

## Quebra-gelo

Em nossa vida, em quais áreas precisamos de um Mediador? E por quê?

## Reflexão

**1.** De que maneira Cristo desempenha o papel de Mediador para nós? Por que a Sua obra como Mediador comprova para todo o sempre que o Pai nos ama e se importa conosco (pp.14-16)?

**2.** Lemos na página 14, "Na mente de Deus há uma conexão entre o sacrifício e as orações pelas quais nos aproximamos dele." Por que esta conexão é verdadeira? Como ela pode impactar nossa confiança na oração?

**3.** Como a obra de Cristo na cruz continua no céu? O que significa para nós termos um "Defensor" perante o Pai? (Veja página 15 e 16.)

## Um passo adiante

### Aplicação

Como a descrição de Cristo no livro de 1 João 2:1-2 é similar àquela do livro de Hebreus 4:14-16? Em que é diferente?

De que maneira Cristo responde quando pecamos? Por que isso é importante para nossas orações e nosso relacionamento integral com Deus?

## Aprofundamento — Leitura: Hebreus 4:14-16

**1.** Quais são os três nomes ou títulos usados para Cristo no versículo 14? Qual é o significado de cada um, especialmente no que se refere à oração?

**2.** O que é dito sobre a humanidade de Jesus? De que maneira Jesus é igual a nós, mas ao mesmo tempo diferente?

**3.** O que as palavras *trono* e *graça* na frase "trono de graça" (v.16) dizem sobre a Pessoa que lá se assenta? Por que ou de que maneira este trono de graça nos daria confiança para orar?

14Tendo, pois, a Jesus, o Filho de
Deus, como grande sumo sacerdote
que penetrou os céus, conservemos
firmes a nossa confissão. 15Porque
não temos sumo sacerdote que não
possa compadecer-se das nossas fraquezas; antes, foi ele tentado em
todas as coisas, à nossa semelhança,
mas sem pecado. 16Acheguemo-nos,
portanto, confiadamente, junto ao
trono da graça, a fim de recebermos
misericórdia e acharmos graça para
socorro em ocasião oportuna.

### Momento de oração

Na página seguinte, utilize o artigo do *Pão Diário* como guia para o devocional e momento de oração, relacionando o artigo com o tema oração.

## Refletir

O que você sente ao saber que Jesus está intercedendo em seu favor perante o Pai neste momento? Feliz? Aliviado? Temeroso? Explique sua resposta.

# Um Advogado influente

Certo dia um soldado entrou na grande antessala do lado de fora do escritório de Abraão Lincoln e sentou-se entre os demais que aguardavam para ver o presidente. Depois de algum tempo, Tad, o jovem filho de Lincoln, chegou e foi imediatamente atraído pelo uniforme do militar. Ao aproximar-se do veterano, Tad reparou com grande interesse que ele havia sido ferido na guerra. O soldado conversou por algum tempo com o menino sem saber quem ele era.

O homem finalmente disse a Tad que precisava falar com o presidente sobre uma questão vital. "Não tem problema", o menino exclamou, "ele é meu pai! Eu posso fazer você entrar!" Em seguida, ele correu e entrou no escritório por uma entrada particular.

Por fim, uma secretária apareceu e informou àqueles que aguardavam que o Presidente tinha somente mais alguns minutos para atender os visitantes, e que ele não poderia receber mais ninguém. Todos saíram, exceto o soldado. O assessor disse a ele que era inútil esperar. O homem respondeu: "O filho do presidente me garantiu que eu poderia ver seu pai." "Você quer dizer o Tad?" disse o outro. "Sim." "Bem, você entrará então, porque ele ama esse menino e sempre se rende a seus desejos!"

Com o amado Filho de Deus pleiteando a causa do cristão à mão direita do Pai (Hebreus 4:14-16), você pode ter certeza que cada pedido seu será ouvido. O grande e influente Advogado cuidará para que suas orações "cheguem lá"!

—*Henry Bosch*

ROMANOS 8:34

[Cristo] ...está à direita de Deus e também intercede por nós.

■ Acesse *Pão Diário* em **www.ministeriosrbc.org**

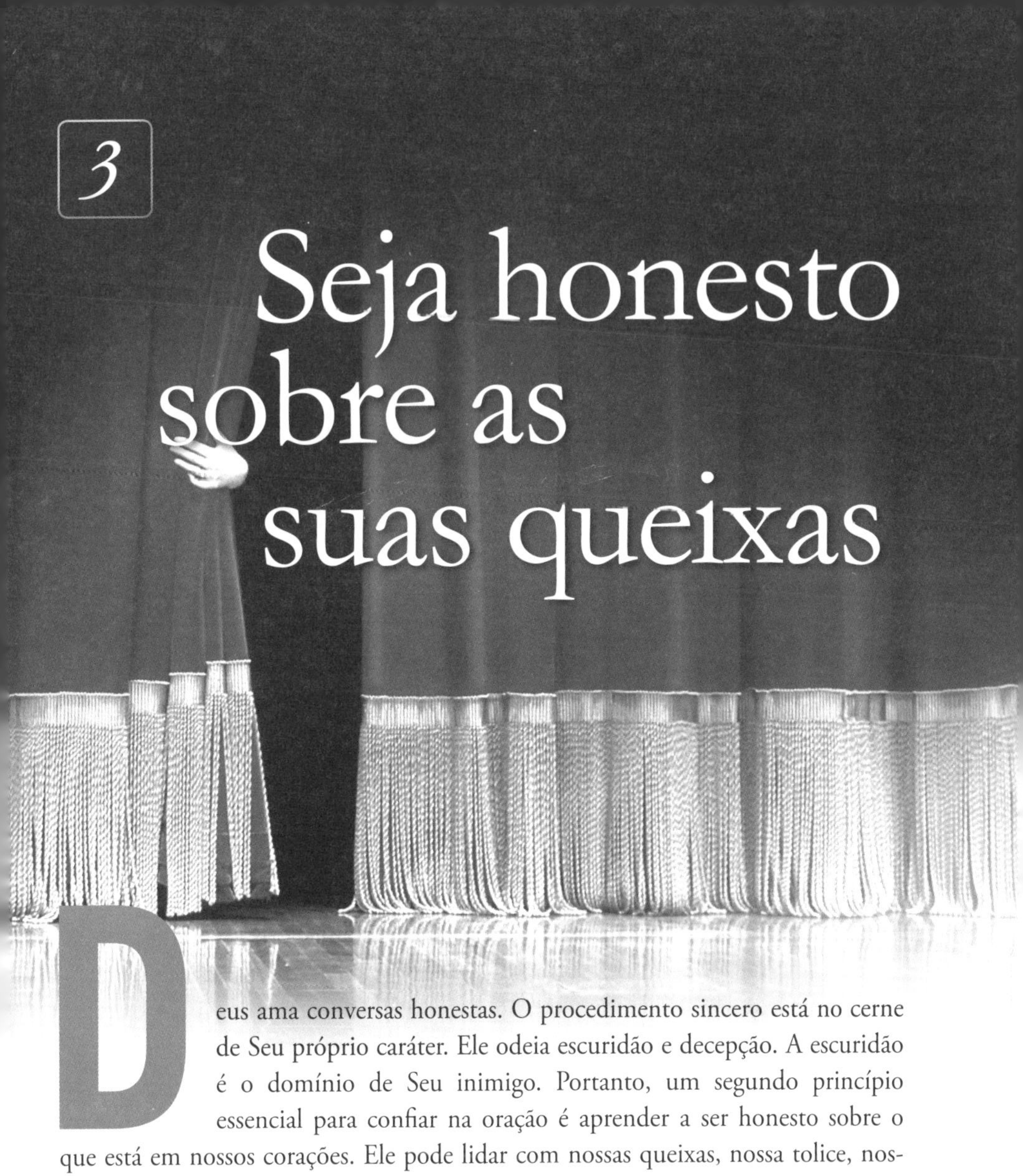

3

# Seja honesto sobre as suas queixas

Deus ama conversas honestas. O procedimento sincero está no cerne de Seu próprio caráter. Ele odeia escuridão e decepção. A escuridão é o domínio de Seu inimigo. Portanto, um segundo princípio essencial para confiar na oração é aprender a ser honesto sobre o que está em nossos corações. Ele pode lidar com nossas queixas, nossa tolice, nossos medos e nossas falhas. Ele não ficará surpreso nem se sentirá ameaçado por nossa raiva, confusão ou petições infantis.

O que não agrada a Deus são mentiras baratas de bajulação, louvor mecânico, palavras falsas repetidas seguidamente sem arrependimento pelo que está realmente acontecendo em nossa própria alma. Precisamos pôr de lado nossas práticas de encobrir por medo, enganar com sofisticação e usar linguagem cerimoniosa. Em vez disso, devemos lançar os alicerces da verdade como base para a oração.

Orações cheias de mentiras piedosas são inaceitáveis para Deus, e não refletem o verdadeiro espírito de nossos próprios corações. É por isso que, para entrar na sala do trono da graça e começar a orar com confiança, devemos aprender a ser verdadeiros quando oramos. Para tanto, devemos investir tempo em autoavaliação e confissão de pecados. Devemos dizer a Deus como realmente nos sentimos em relação a Ele, em relação a nós mesmos, a nossos problemas com as pessoas e sobre nossas necessidades, frustrações, desejos e lembranças dolorosas. Devemos ser honestos também sobre nosso desejo de conhecer Sua vontade e torná-la nossa própria. Se não quisermos fazer Sua vontade, isso também deve ser trazido à tona, de forma que possamos pedir a Deus para nos ajudar a superar nossa rebelião e insensatez.

## Confiança na ajuda de Deus para nos compreendermos

Quando queremos saber a verdade sobre nós mesmos, o Senhor, que conhece os nossos corações, nos ajudará a entender o que está acontecendo em nós. O salmista escreveu: "SENHOR, tu me sondas e me conheces" (Salmo 139:1). Davi disse a Salomão, "...o SENHOR esquadrinha todos os corações e penetra todos os desígnios do pensamento..." (1 Crônicas 28:9).

A oração de autoexame, quando combinada com as Escrituras, nos capacita a entender o que realmente acontece dentro de nós. A Bíblia nos revela os nossos sentimentos mais profundos e reais motivos. Ela nos leva para os cantos e recantos onde escondemos velhos rancores, ódios secretos e ressentimentos amargos. Pela oração honesta, podemos trazer estes sentimentos à superfície, vê-los como realmente são e pedir a Deus ajuda para lidarmos com eles.

Podemos ter certeza disto: se pedirmos a Deus para nos revelar o que está em nosso coração, Ele o fará. Talvez não imediatamente. Mas ao longo do tempo e em Sua própria maneira, o Senhor abrirá as cortinas da negação e repressão e nos mostrará a nós mesmos. E, enquanto isso acontece, Ele cuidará bem de nós.

- Ele pode trazer à lembrança uma antiga mágoa para aprendermos a lidar com ela e esquecê-la.
- Ele pode lembrar-nos de uma promessa que não cumprimos ou uma dívida que não pagamos.
- Ele pode deixar-nos sentir a dor que causamos a alguém, talvez há muitos anos, e nos instruir a fazer o que é certo.

• Ele pode dirigir-nos para resolver um desentendimento ou perdoar alguém.

O conhecimento do coração é um presente maravilhoso, libertador e se obtém através da honestidade com o Senhor em oração.

O autoexame também pode revelar as bênçãos em nossas vidas. Deus está trabalhando em nós e agindo por nosso intermédio o tempo todo. Ele nos mostra Sua bondade, nos enche de graça, nos ajuda a crescer com a adversidade, nos sustenta nas situações difíceis, nos oferece meios para escapar da tentação e nos concede Sua paz. Mas, quando somos apreendidos pelos detalhes da vida e distraídos pelas responsabilidades, às vezes nos esquecemos dessas bênçãos.

## Confiança na disposição de Deus em perdoar

Era o final do campeonato e a decisão foi levada aos pênaltis. O placar estava empatado. O artilheiro do time da casa preparou-se para cobrar o pênalti decisivo. Ele encarou o goleiro e fingiu mirar para a esquerda, enquanto planejava chutar à direita. Mas o goleiro percebeu a sua intenção e defendeu o pênalti. Era o fim do jogo. O time da casa havia perdido. Ele tinha acertado aquela jogada mil vezes anteriormente, mas não daquela vez.

O atacante poderia ter feito o que muitos de nós fazemos. Poderia ter reclamado que a bola bateu em uma pedra e tomou o rumo errado. Poderia ter culpado o sol ou a grama molhada. Mas ele não o fez. "Eu estraguei tudo", disse após o jogo. "Eu assumo a responsabilidade. A culpa foi minha."

Nós precisamos dessa atitude em relação aos nossos pecados. Quando o Senhor nos convence do pecado, precisamos admitir, confessá-lo, e crer na disposição de Deus em nos perdoar.

Lembra-se da história de Davi e Natã? Corrompido pelo poder, Davi deixou a guerra a cargo de seus generais e ficou em casa. Ele olhou com cobiça para Bate-Seba que tomava banho, exigiu que fosse trazida ao palácio, cometeu adultério e em seguida planejou a morte do marido dela para encobrir o seu próprio pecado. Parecia que Davi se livraria desse erro, até ter sido confrontado por Natã, o profeta com as inegáveis palavras de condenação. "...Tu és o homem..." (2 Samuel 12:7).

Finalmente, após dias ou provavelmente muitos meses vivendo na escuridão do pecado, Davi reconheceu seu erro. A comovente oração de arrependimento está registrada no Salmo 51, e diz:. "...eu conheço as minhas transgressões...", ele confessou ao Senhor, "...e o meu pecado está sempre diante de mim. Pequei contra ti, contra a ti somente..." (vv.3-4). Davi suplicou pela restauração da alegria que uma vez experimentara, e sua oração foi respondida pelo perdão de Deus. A Bíblia, o Espírito Santo e o povo de Deus, nos dias de hoje, nos alertam como Natã alertou Davi.

Vivemos em um mundo calejado de corações endurecidos e consciências insensíveis. Alguns advogados podem defender casos com habilidade e aparente sinceridade, mesmo quando sabem que o réu é culpado. Algumas sentenças para crimes horríveis são recebidas sem o menor sinal de culpa ou remorso. Somos especialistas em negar, racionalizar e em encontrar alguém para culpar.

Como podemos amolecer nossos corações? Estamos tão acostumados a endurecê-lo. Como obtemos "...um coração compungido e contrito..." (Salmo 51:17) que seja sempre aceito pelo Senhor? Peça-o a Deus. "Cria em mim, ó Deus, um coração puro", nós devemos pedir. E também: "...renova dentro de mim um espírito inabalável" (v.10). Deus honrará essa oração. Ele não se afasta quando oramos, "...Ó Deus, sê propício a mim, pecador!" (Lucas 18:13).

## Confiança na aceitação de Deus ao lidar com as queixas

Nossos relacionamentos humanos são tumultuados com discordâncias, lutas e conflitos. Se não existirem, alguém os está reprimindo e postergando a confrontação. Os amigos e as pessoas que se amam falam abertamente sobre seus sentimentos negativos e trabalham suas diferenças. Isso também deveria ser verdade em nosso relacionamento com Deus. Somos livres para, de maneira respeitosa e com reverência, discordar, questionar e até mesmo discutir com Deus em oração.

O rabino Joseph Telushkin escreve sobre a necessidade das confrontações honestas com Deus como sendo um legado do povo judeu. Em seu livro *Alfabetização Judaica* ele afirma:

O primeiro exemplo de um ser humano a discutir com Deus se tornou uma característica da Bíblia hebraica, e do judaísmo em geral. Centenas de anos após Abraão, o salmista clamou a Deus com ira e angústia: "Desperta! Por que dormes, Senhor? [...]. Por que escondes a face e te esqueces da nossa miséria e da nossa opressão?" (Salmo 44:23,24; Habacuque 1:2 e o livro de Jó trazem exemplos de profetas ou homens justos questionando os caminhos de Deus). A vontade de enfrentar o Todo-Poderoso decorre da crença que Deus, como o homem, tem responsabilidades e merece críticas quando Ele não as cumpre. Elie Wiesel, um judeu que mantém a sua tradição, declarou: "O judeu pode amar a Deus, ou pode brigar com Deus, mas não pode ignorá-lo."

A atitude de Abraão parece ter sido esta. Deus estava para destruir a cidade perversa de Sodoma. Abraão intercedeu junto ao Senhor, pedindo que a cidade fosse poupada se 50 pessoas justas pudessem ser encontradas, mas isso não aconteceu. Então, passo a passo, Abraão clamou a Deus para reduzir o número para dez. Mas quando dez não puderam ser encontrados, Sodoma foi destruída (Gênesis 18:23-33).

Moisés também discordou de Deus. O Senhor havia realizado milagre após milagre para libertar Israel da escravidão do Egito e cuidar deles no deserto. Mas enquanto Moisés estava no alto do Monte Sinai recebendo a Lei da mão de Deus, seus conterrâneos estavam se preparando para desistir do Único que os havia libertado do Egito. Violando o primeiro mandamento que Deus havia dado a Moisés, eles fizeram um ídolo de ouro e o usaram como desculpa para ceder às práticas libertinas, sexuais, do culto pagão da fertilidade. "Agora, pois, deixa-me," disse Deus a Moisés, "para que se acenda contra eles o meu furor, e Eu os consuma..." (Êxodo 32:10). Deus ainda disse que Ele começaria tudo novamente e faria uma grande nação a partir de Moisés.

Moisés não queria ceder. Ele rogou ao Senhor que poupasse Israel, "Por que hão de dizer os egípcios; Com maus intentos os tirou, para matá-los nos montes e para consumi-los da face da terra? Torna-te do furor da Tua ira e arrepende-te deste mal contra o Teu povo" (v.12). Deus compadeceu-se e os israelitas foram poupados (v.14).

Abraão e Moisés são bons exemplos para nós, pois também podemos jogar limpo com Deus. Ainda temendo e lembrando-nos de reverenciá-lo, podemos:

- Perguntar a Deus por que está demorando tanto para salvar nosso ente querido.
- Expressar nossa raiva e tristeza porque nosso filho não foi poupado.
- Derramar diante do Senhor nossa frustração por ainda não termos encontrado um emprego.
- Clamar a Ele porque ainda não temos filhos.

Tais queixas não ameaçam a Deus. Ele sabe que nunca encontraremos uma fraqueza moral nele. O Senhor nos encoraja a sermos honestos com Ele de forma que possamos descobrir os pensamentos e sentimentos que estão em nosso coração. Uma vez que os trazemos à luz, podemos pedir a Deus ajuda para lidar com eles.

Por que hesitamos tanto em sermos honestos com Deus? Talvez sejamos o tipo de pessoa que evita conflitos e nem sequer contamos a um de nossos queridos ou amigos os nossos sentimentos negativos, ou talvez pensemos que seja falta de fé desafiar Deus.

Muitos de nós já aceitamos a ideia da sociedade de que o conflito e o amor não andam juntos. Compreendemos que um relacionamento é bom somente enquanto há paz e harmonia. A verdade é que lutamos em nossos relacionamentos porque realmente nos importamos com eles. E encontrar a coragem para lutar, assumir riscos e confrontar é o que fortalece e aprofunda todos os relacionamentos. O mesmo é válido em nosso relacionamento com Deus. Como Jacó em vau de Jaboque, fazemos bem em lutar com Deus de vez em quando, pois isso pode nos trazer a Sua bênção (Gênesis 32:24-32).

## Confiança no que Deus quer para nós

O objetivo do cristão é tornar-se um (coração e mente) com Deus. Quando vamos a Ele em oração, precisamos ser honestos com nós mesmos se nossos desejos são os desejos dele, se a nossa vontade é a Sua vontade, se os nossos pedidos são também os Seus pedidos.

Como crescemos nesta unidade com Deus? Com certeza jamais podemos compartilhar de Seu completo entendimento de todas as coisas. No entanto, quando oramos pelas necessidades diárias da vida, por nosso cônjuge, filhos e amigos, pela cura, emprego ou orientação, podemos fazê-lo com a mesma intenção no coração que Jesus tinha em mente quando ensinou Seus discípulos a orar ao Pai, "...faça-se a tua vontade, assim na terra como no céu" (Mateus 6:10).

O próprio Jesus expressou a mesma atitude poucas horas antes de Sua morte. Ele concluiu um período agonizante de oração no Getsêmani — quando Ele até mesmo pediu ao Pai para permiti-lo evitar a cruz — com estas palavras: "...contudo, não se faça a minha vontade, e sim a tua" (Lucas 22:42). Esta rendição, depois de uma luta intensa e honesta, o manteve em espírito de unidade com Seu Pai.

Podemos ter questionamentos ao orar "Seja feita a tua vontade." Isso significa que estamos secretamente desistindo do que acabamos de orar? Não estamos dizendo que nossa oração foi realizada sem a verdadeira convicção de que era correta e que Deus deveria respondê-la? Não estamos sendo falsamente humildes ao tentar não incomodar Deus com nossos pequenos desejos, e dizendo, "OK. Eu entendo", se Ele não concede nossos pedidos? Se a resposta é sim, entendemos tudo errado!

A respeito desse tipo de pensamento, o teólogo alemão Helmut Thielicke escreveu: "Isto é exatamente o que as palavras "Seja feita a tua vontade" não significam. Elas significam o seguinte: 'Tu entendes minha oração melhor do que eu entendo a mim mesmo (Romanos 8:26). Tu sabes melhor se eu preciso de fome ou de pão.' Não importa o que acontecer, eu ainda direi: 'Sim, querido Senhor' (Mateus 15:27). Pois sei que em tudo, não importa o que vier a acontecer, o Senhor me dará satisfação — além dos meus pedidos e minha compreensão."

Quando oramos "Seja feita a tua vontade", escolhemos concordar com Deus. Dizemos a Ele o que Jesus disse aos Seus discípulos, "...A minha comida consiste em fazer a vontade daquele que me enviou..." (João 4:34). E estamos ressoando a oração do Senhor no Getsêmani. Se Ele nos dá ou não o pão, ou o emprego, ou um parceiro, ou um filho, Sua vontade feita à Sua maneira é o melhor.

Não encontraremos a confiança de estar de acordo com Deus, no entanto, se não tivermos sido primeiramente honestos sobre os pensamentos e emoções de nossos próprios corações. Para superar desapontamentos com Deus e desenvolver confiança na oração, a integridade da alma é item básico.

# 3 Seja honesto sobre as suas queixas

**GUIA DE ESTUDO**

*leia as páginas 21–27*

**Para compreender a necessidade e o valor da honestidade com Deus enquanto oramos.**

PARA MEMORIZAR

Salmo 139:23

Sonda-me, ó Deus, e conhece o meu coração, prova-me e conhece os meus pensamentos.

## Quebra-gelo

Lojas e outros negócios costumam ter um "SAC – serviço de atendimento ao cliente" ou uma área de "atendimento ao cliente". Você, ou algum conhecido, já usou este serviço para fazer uma reclamação? Qual foi o resultado?

## Reflexão

**1.** Na página 22, David Egner escreve: "A oração de autoexame… nos capacita a entender o que realmente acontece dentro de nós." O que isso significa? Como ela poderia ser útil para nós?

**2.** Na página 25, lemos que em suas decepções, Abraão e Moisés, reverentemente desafiaram a Deus. O que podemos aprender com eles sobre sermos honestos e abertos com o Senhor em oração?

**3.** Observe esta citação na página 26: "O objetivo do cristão é tornar-se um (coração e mente) com Deus." Por que isso é importante não somente em nossa vida espiritual, mas na vida como um todo?

## Um passo adiante

### Aplicação

Leia o versículo para memorizar, deste capítulo. Por que a honestidade com Deus é inevitável e incontornável? Qual é o resultado dessa honestidade?

## Aprofundamento — Leitura: Salmo 51:10-17

10 Cria em mim, ó Deus, um coração
puro e renova dentro de mim um
espírito inabalável. 11 Não me repul-
ses da tua presença, nem me retires o
teu Santo Espírito. 12 Restitui-me a
alegria da tua salvação e sustenta-me
com um espírito voluntário. 13 Então,
ensinarei aos transgressores os teus
caminhos, e os pecadores se conver-
terão a ti. 14 Livra-me dos crimes de
sangue, ó Deus, Deus da minha
salvação, e a minha língua exaltará a
tua justiça. 15 Abre, Senhor, os meus
lábios, e a minha boca manifestará
os teus louvores. 16 Pois não te com-
prazes em sacrifícios; do contrário,
eu tos daria; e não te agradas de
holocaustos. 17 Sacrifícios agradáveis
a Deus são o espírito quebrantado;
coração compungido e contrito, não
o desprezarás, ó Deus.

**1.** O que Davi está pedindo que Deus faça nesta oração de autoexame? Por que Davi está confiante de que suas orações serão respondidas?

**2.** Por que Davi diria que Deus não deseja sacrifícios ou se compraz com holocaustos, quando eles são exigidos na lei? Por que ele disse que Deus não despreza um "...espírito quebrantado, coração compungido..." (v.17)?

**3.** A partir da oração de Davi, o que você pode saber sobre quem Deus é — Sua personalidade e caráter?

### Momento de oração

Na página seguinte, utilize o artigo do *Pão Diário* como guia para o devocional e momento de oração, relacionando o artigo com o tema oração.

## Refletir

Você concorda ou discorda que a honestidade é crucial para a saúde de um relacionamento? Por quê? De que maneira a honestidade, ou a ausência dela, impacta o nosso relacionamento com Deus?

Como podemos nos esforçar para ter um relacionamento honesto com Deus mantendo um coração de reverência em relação a Ele?

# Ponha em pratos limpos

A correção foi colocada em um canto escondido do jornal, mas estava lá. A fim de colocar tudo em pratos limpos, os editores do jornal admitiram que não tinham reportado os fatos de forma precisa. Eles limparam o nome de uma pessoa que tinham incorretamente ligado a um caso criminal. Embora teria sido fácil ignorar o erro e a maioria dos leitores nunca teria percebido a diferença, o jornal fez o que era certo.

A verdade é fundamental para a vida assim como o é para o jornalismo. Sem ela, há confusão moral. Sem a verdade, boas coisas são chamadas de más, e coisas más de boas. Sem a verdade, os criminosos recebem a fama de honrosos, enquanto os honrosos recebem a reputação de criminosos.

Não deveria ser surpresa, portanto, que Deus busque veracidade em nós (Salmo 51:6). E não deveria ser surpresa que o Senhor se agradou de Davi quando ele confessou seu adultério, sua conspiração para o crime de morte e seu encobrimento. Era certo para Davi dizer a verdade — chamar o errado de "errado". Somente assim ele poderia estar legitimamente preocupado em como o seu pecado tinha se refletido no nome e na reputação de Deus.

E nós? Somos honestos com Deus? Já colocamos os nossos pecados em pratos limpos? Já fizemos como Davi? Confessamos os nossos pecados ao Pai? Somente ao fazermos isso recuperamos a nossa honra. Deus deseja a verdade em nosso interior — e isso significa chamar o errado de "errado".

*—Mart DeHaan*

SALMO 51:6

Eis que te comprazes na verdade no íntimo e no recôndito me fazes conhecer a sabedoria.

# 4 Converse em vez de apenas falar

Um obstáculo comum para a confiança na oração é o sentimento de que ninguém está nos ouvindo. Sentimo-nos como a esposa que tenta falar com seu marido enquanto ele está lendo a página de esportes do jornal, ou como o pai que tenta falar com seus filhos adolescentes enquanto eles ouvem música. Sem retorno, sem resposta, nem mesmo um ocasional "hã-hã".

Quando isso acontece, começamos a enxergar a oração como nada mais do que um ritual. Perdemos de vista a verdade de que Deus está profundamente interessado em nós e ouvindo atentamente a cada palavra de nossas súplicas. As orações se destinam a ser uma interação espiritual entre nós e um Ser amado com quem temos um relacionamento íntimo e contínuo. "Quase nos esquecemos," escreveu A. W. Tozer no livro: *A procura de Deus* (Ed. Betânia, 1985), "que Deus é uma pessoa e, como tal, todos podem cultivar um relacionamento pessoal com Ele, inclusive nós". Quando sentimos que Deus não está ouvindo, precisamos focar em dois aspectos vitais da oração.

# Confiança em ouvir a Deus

Oração não é simplesmente o que nós dizemos a Deus. É responder pensativamente ao que Ele já disse e ao que Ele está constantemente dizendo para nós por meio de Sua Palavra. Por esta razão, a Bíblia é uma parte importante de nossas sucessivas conversas com o Senhor.

Uma maneira de desenvolver uma conversa com Deus é ler as Escrituras em um salmo ou um parágrafo de uma das epístolas. Leia com atenção para descobrir o que o texto está dizendo a você sobre os pensamentos, sentimentos e valores de Deus. Ouça cuidadosamente e com reverência àquele que inspirou essas palavras. Peça a Ele que o ajude a descobrir os interesses e desejos de Seu coração. Então responda do fundo do coração à voz de Deus. E, à medida que o fizer, você começará a desenvolver confiança em saber o que é importante para Deus e descobrirá o que Deus está fazendo em seu próprio coração.

Quando um marido ora em resposta às palavras de 1 Coríntios 13, por exemplo, ele conhecerá a mente de Deus a respeito do amor e o aplicará ao seu relacionamento com a esposa. Podem ser as palavras "o amor é paciente" que o impressionam sobre como ele tem sido lacônico ao tratá-la. Isto, por sua vez, deve levar a uma mudança bem-vinda e muito necessária em sua atitude e comportamento.

"Fique em silêncio," François Fénelon escreveu: "e ouça Deus. Permita que o seu coração esteja em tal estado de preparação, que o Seu Espírito possa impregná-lo de virtudes da maneira que aprouver a Deus. Esse silêncio interior de todo sentimento mundano e exterior e de pensamentos humanos é essencial se quisermos ouvir esta voz."

Não será uma voz audível. Mas você saberá que será a voz do Espírito quando ouvir as verdades das Escrituras falando suavemente, com amor e vigor sobre as circunstâncias e preocupações de sua vida.

Uma noite quando meu neto Natã estava extremamente doente, eu acordei e orei por ele. Enquanto permaneci em atitude de oração, em silêncio perante o Senhor, tomei consciência do modo como não tinha sido sensível às necessidades de minha esposa, Shirley. Percebi como minhas atitudes não estavam alinhadas às palavras e o coração de Deus.

Reconheci uma necessidade da vida dela para a qual eu tinha fechado os olhos por anos. Pedi o perdão e a ajuda de Deus. No dia seguinte, comecei a fazer as mudanças adequadas no meu comportamento em relação a ela. Que diferença fez! Estou convencido de que é assim que Deus pode falar conosco quanto estamos em silêncio diante do Senhor.

## Confiança em responder a Deus

Ouvir a Deus nos fará agir e falar. As palavras são somente o início. Se estivermos lendo o livro de 1 Coríntios 15, por exemplo, exaltaremos ao Senhor pela grande vitória da ressurreição e pela esperança que ela traz. Mas nossa resposta vai além disso. Teremos maior confiança à medida que enfrentamos um inimigo espiritual derrotado. Teremos palavras para dizer ao doente terminal. Teremos poder à medida que enfrentamos os tumultos cotidianos da vida. Ouvir a Deus pode permitir que abandonemos uma atitude ou hábito pecaminoso.

Quando oramos, devemos estar prontos para agir. Quanto mais a oração se aprofunda nas Escrituras, na mente de Deus, mais radical a ação pode vir a ser. Assim, ela pode nos conduzir à sala de estar de alguém para dividir um fardo pesado. Pode nos levar de volta ao passado para lidar com alguma mágoa não resolvida que sofremos ou causamos. Pode mudar radicalmente os nossos planos. Podemos nos encontrar em um local estranho, fazendo coisas que nunca pensamos que faríamos ou que poderíamos fazer. Isto acontece porque nossa oração é para Deus, e Ele não é um ser plácido e inerte. Ele é o Deus vivo, que entra em nossas vidas com Seu impressionante poder e nos transforma de forma dramática e imprevisível ao respondermos a Ele. Ou Ele pode nos deixar onde estamos. Está bem. Ele é Deus!

Quando nos curvamos diante de Deus com nossas necessidades e pedidos, pensamos que somos os iniciadores da oração. Mas pode ser que toda a oração seja resposta a Ele. Isto é o que o norueguês Ole Hallesby ensinou em seu clássico livro, *Prayer* (Oração). Ele viu as palavras de Jesus "Eis que estou à porta e bato" (Apocalipse 3:20) como a chave que abre a porta para a oração. De que maneira Cristo bate? Por meio das condições e circunstâncias de nossas experiências, que nos levam a Ele em oração. Quando penso nisso, minhas orações pelo pequeno Natã foram uma resposta. Jesus bateu na porta de minha vida por meio das necessidades físicas do meu neto.

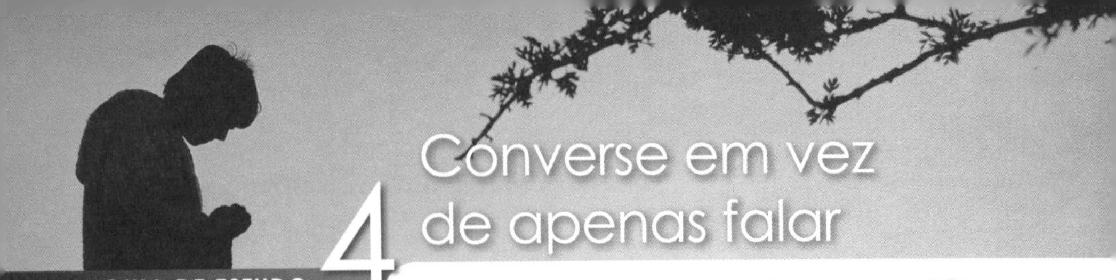

# 4 Converse em vez de apenas falar

**GUIA DE ESTUDO**

*leia as páginas 31–33*

PARA MEMORIZAR

Salmo 46:10

Aquietai-vos e sabei que eu sou Deus; sou exaltado entre as nações, sou exaltado na terra.

**Para compreender a importância de ter diálogo com Deus.**

## Quebra-gelo

Você já sentiu que suas orações não estavam sendo ouvidas? Como é tentar manter uma conversa unilateral com alguém com quem você se importa?

## Reflexão

**1.** O que se entende por ouvir a Deus (p.32)? O que isso não significa? Por que é importante ouvir o coração e a mente de Deus para a maneira que oramos?

**2.** Neste capítulo, lemos sobre dois tipos diferentes de confiança espiritual. Quais são elas e como as duas ideias se relacionam uma com a outra?

**3.** Lemos na página 33, "Quando nos curvamos diante de Deus com nossas necessidades e pedidos, pensamos que somos os iniciadores da oração. Mas pode ser que toda a oração seja resposta a Ele." Você concorda ou não? Por quê?

## Um passo adiante

### Aplicação

No versículo para memorizar (Salmo 46:10), como o Senhor diz que devemos responder a Ele? Como tal resposta se relaciona com a oração?

## Aprofundamento — Leitura: Apocalipse 3:15-20

**1.** No livro de Apocalipse 3, Cristo está escrevendo uma carta para a igreja primitiva da Laodiceia. Que razões Ele tem para se preocupar com a assembleia dos cristãos?

**2.** De que maneira Jesus vê os miseráveis, pobres, cegos e nus diferentes de como eles se veem a si mesmos? Que remédio Ele lhes prescreveu?

**3.** De que maneiras o convite do versículo 20 se refere a relacionamento e comunhão íntima? O que Ele está desafiando a igreja de Laodiceia a fazer?

15Conheço as tuas obras, que nem és
frio nem quente. Quem dera fosses
frio ou quente! 16Assim, porque és
morno e nem és quente nem frio,
estou a ponto de vomitar-te da
minha boca; 17pois dizes: Estou rico
e abastado e não preciso de coisa
alguma, e nem sabes que tu és infe-
liz, sim, miserável, pobre, cego e nu.
18Aconselho-te que de mim compres
ouro refinado pelo fogo para te enri-
queceres, vestiduras brancas para te
vestires, a fim de que não seja mani-
festa a vergonha da tua nudez, e
colírio para ungires os olhos, a fim
de que vejas. 19Eu repreendo e disci-
plino a quantos amo. Sê, pois, zeloso
e arrepende-te. 20Eis que estou à
porta e bato; se alguém ouvir a
minha voz e abrir a porta, entrarei
em sua casa e cearei com ele, e ele,
comigo.

### Momento de oração

Na página seguinte, utilize o artigo do *Pão Diário* como guia para o devocional e momento de oração, relacionando o artigo com o tema oração.

### Refletir

Podemos ter medo de estar a sós com Deus? Por que sim ou por que não? Se você fosse passar as próximas 24 horas a sós com Deus, o que você diria a Ele? As 24 horas seriam muito longas ou muito curtas? Por quê?

Sobre o que Jesus falava com Deus durante aquelas longas horas de solidão em Sua presença? O que aconteceu durante e depois desse momento em que Jesus esteve na presença do Pai? Há algo na vida de oração de Jesus que você gostaria de imitar?

# Deixando Jesus entrar

Como complicamos a oração! Pensamos que sua eficiência depende da força de nossa fé, do fervor de nossas emoções ou da clareza com que articulamos nossas necessidades. Mas é mais simples — e profundo — do que isso.

O teólogo norueguês Ole Hallesby define a oração como: "Orar envolve nada mais do que deixar Jesus entrar em nossas necessidades. Orar é dar permissão a Ele para usar Seus poderes na redução de nossa angústia."

Estas palavras frisam uma das condições espirituais que Deus procura no coração de Seus filhos. É desamparador perceber que a situação atual está além do nosso alcance. Ele quer que reconheçamos que nos falta a sabedoria, força e a capacidade de saber e fazer o que é certo, mesmo quando temos tudo sob controle. Qualquer expressão ou anseio que brota desta atitude, sendo direcionado a Deus, é oração em sua forma mais pura. Se revestido de palavras ou gemidos, o nosso compreensivo Sumo Sacerdote as ouve.

O maior obstáculo à oração, portanto, é não estarmos conscientemente sob a humilde dependência do Senhor. Como os cristãos da igreja da Laodiceia, temos "muitas mercadorias e não temos necessidade de nada," e não sabemos que somos "miseráveis, pobres, cegos e nus." Mas quando nossa oração é baseada em desamparo — se precisamos de restauração, vitória, orientação ou força — ela sempre abre a porta e deixa Jesus entrar.

—*Dennis DeHaan*

APOCALIPSE 3:20

Eis que estou à porta e bato; se alguém ouvir a minha voz e abrir a porta, entrarei em sua casa e cearei com ele, e ele, comigo.

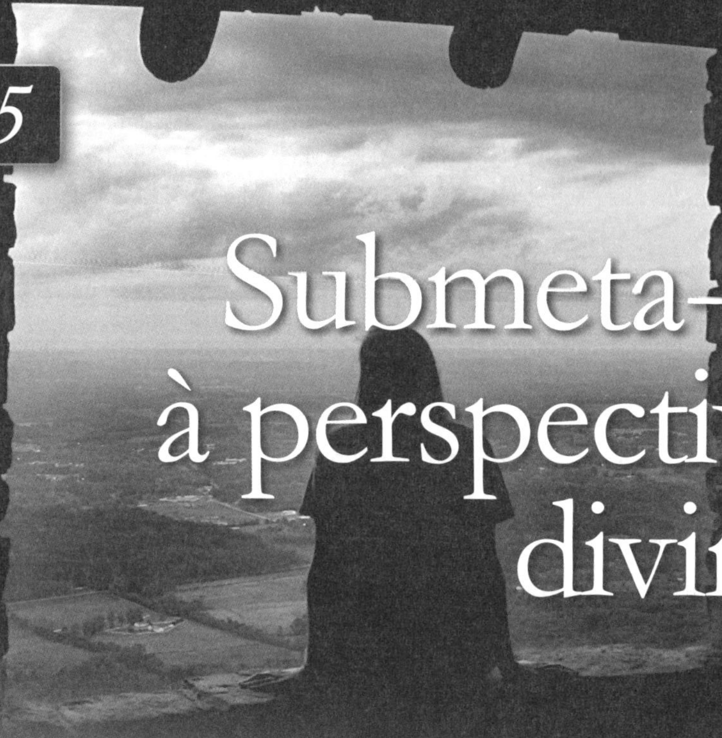

# 5

# Submeta-se à perspectiva divina

Já aconteceu com você. Ao ligar para a concessionária de carros e pedir pelo departamento de serviços. "Você pode aguardar?" a alegre voz fala. Em poucos segundos, "a música de elevador" começa. De vez em quando, uma gravação o assegura que sua chamada será atendida. Você espera e espera, imaginando que uma fútil conversa sobre o jogo de futebol da noite anterior ou algum programa de televisão esteja mantendo você em espera. Depois de um tempo, você está pronto para desligar. Levaria menos tempo entrar no carro e dirigir para ir pessoalmente até o local!

Às vezes parece que Deus nos colocou em modo espera. Ele pode estar fazendo coisas grandiosas em nossas vidas, mas nossos mais profundos, mais desejados pedidos não estão sendo concedidos. Sabemos que Ele ainda está lá, mas Ele simplesmente não está respondendo.

Ana, cuja história é relatada no Antigo Testamento, sabia como era sentir-se rejeitada por Deus (1 Samuel 1:1-18). Ela era uma das duas esposas de um homem chamado Elcana. Penina, a outra esposa, tinha lhe dado filhos, mas Ana era estéril, em um tempo em que isso era considerado um sinal do descontentamento de Deus. Para piorar a situação, Penina tinha prazer em zombar da esterilidade de Ana quando a família fazia sua viagem anual para a casa de Deus a fim de oferecer sacrifícios.

A aflição de Ana durou anos, embora ela fosse uma mulher consagrada e de fé. Ela orou e orou. Mas Deus não respondia. Em uma das viagens para a casa de Deus, e ela estava "...com amargura de alma, orou ao SENHOR e chorou abundantemente" (v.10).

Mas este não é o fim da história de Ana. No tempo de Deus, e exatamente no tempo certo, Ele deu um filho a Ana. Ela se tornou a mãe de Samuel (vv.19,20), o menino que com o tempo, se tornaria um sacerdote e profeta que mudaria o curso da história de Israel.

No tempo divino, o sentimento de rejeição espiritual de Ana foi transformado em alegria. Numa maravilhosa canção de louvor a Deus, Ana demonstrou que seu mais profundo desejo não era ter um filho, mas saber que ela era aceita e aprovada por Deus (2:1-10). Com o tempo, a amargura de Ana se transformou em alegria. Para todas as gerações por vir, a experiência dela demonstraria que o que importa não é se Deus responde imediatamente as nossas orações. A questão é se nós estamos esperando humildemente em Sua sabedoria e tempo. Quando a experiência de Ana é combinada com o restante das Escrituras, começamos a entender algumas das razões para não nos submetermos às nossas emoções, mas à sabedoria de Deus.

## Confiança na perspectiva de Deus

Nossa perspectiva é como se olhássemos através do buraco de uma agulha. Não podemos ver o quadro completo. Se pudéssemos, veríamos que o que desejamos pode não ser bom para nós ou para aqueles que amamos. Quantas vezes fui grato a Deus por não ter me dado tudo o que lhe pedi. Quão melhor teria sido se eu tivesse temperado minhas orações com a consciência de que somente quando chegarmos ao céu veremos o todo sob a perspectiva divina. E "...conhecerei como também sou conhecido" (1 Coríntios 13:12). O autor P. T. Forsythe escreveu: "Iremos um dia para a eternidade e veremos com gratidão que as recusas de Deus eram, às vezes, as mais verdadeiras respostas às nossas orações."

# Confiança na sabedoria de Deus

Deus conhece as nossas necessidades mais profundas. Uma mãe solteira orou por uma certa quantia em dinheiro que lhe traria alívio financeiro. Deus negou o pedido da maneira que ela o expressou. Em vez de lhe dar dinheiro, Ele lhe concedeu um trabalho que ela pudesse dar conta. Em seguida, Ele lhe deu um amigo, que a ensinou a gerenciar suas finanças. Com o tempo ela foi capaz de olhar para trás e ver que Deus respondera ao seu pedido, de maneira que refletia a sabedoria divina. A melhor parte é que a sua confiança no Senhor cresceu.

# Confiança no tempo de Deus

A casa foi vendida mais tarde do que queríamos ou o bebê chegou duas semanas antes do que esperávamos. O tempo de Deus é sempre o melhor por causa de Sua capacidade de orquestrar as circunstâncias de nossas vidas.

---

**ENFOQUE**

"Ana misturou lágrimas com suas orações: ela considerou a misericórdia de nosso Deus, que conhece a alma perturbada. Deus nos permite, em oração, não somente pedir boas coisas em geral, mas mencionar aquele desejo pelo qual mais necessitamos e ansiamos. Ela falou sobre tudo isto suavemente, ninguém podia ouvi-la. Por este meio, testificou sua fé no conhecimento de Deus sobre o seu coração e desejos."

—Matthew Henry

# Confiança na bondade de Deus

Podemos ter orado por um longo tempo para os nossos cônjuges nos tratarem com mais respeito, mas isso não acontece até Deus nos levar a parar de desconsiderá-los em público.

A resposta pode não vir porque nos recusamos a perdoar alguém, ou somos controlados por uma obsessão, ou estamos fervendo de tanta raiva que nossa santidade é corrompida. Ou "pedimos mal" para satisfazermos os nossos prazeres (Tiago 4:3). Precisamos completar o processo de autoexame, confissão e arrependimento antes de nossas orações serem respondidas.

O teólogo Oswald Chambers entendeu que a espera é parte da oração. Sobre o versículo, "Disse-lhes Jesus uma parábola sobre o dever de orar sempre e nunca esmorecer" (Lucas 18:1), ele escreveu:

"Jesus ensinou aos Seus discípulos a oração da paciência. Se você está bem com Deus e Ele atrasa a resposta, não o subestime. Não pense nele como um amigo cruel, um pai desnaturado ou um juiz injusto, mas continue orando. Sua oração certamente será respondida, pois 'todo o que pede, recebe'. Ore e não desanime. O seu Pai celestial lhe explicará tudo um dia. Ele não pode responder ainda porque está desenvolvendo seu caráter. 'Esqueça o caráter' você diz, 'eu quero que Ele conceda meu pedido.' E o Senhor diz, 'O que Eu estou fazendo excede muito além do que você vê ou sabe. Confie em mim.'"

## ENFOQUE

"O tempo de Deus quase nunca é o nosso, e por causa disto, ficamos impacientes, ansiosos e frustrados com as adversidades da vida. Mas se confiamos em Seu caráter, também devemos confiar em Seu tempo. 'Humilhai-vos, portanto, sob a poderosa mão de Deus, para que Ele, em tempo oportuno, vos exalte, lançando sobre Ele toda a vossa ansiedade, porque Ele tem cuidados de vós' (1 Pedro 5:6-7)."

—Ken Boa

O salmista Asafe aprendeu a superar tal desilusão quando se lembrou da perspectiva mais ampla de Deus. No Salmo 73, ele disse:

> *Com efeito, Deus é bom para com Israel, para com os de coração limpo. Quanto a mim, porém, quase me resvalaram os pés; pouco faltou para que se desviassem os meus passos. Pois eu invejava os arrogantes, ao ver a prosperidade dos perversos. Para eles não há preocupações, o seu corpo é sadio e nédio. Não partilham das canseiras dos mortais, nem são afligidos como os outros homens [...]. Com efeito, inutilmente conservei puro o coração e lavei as mãos na inocência. Pois de contínuo sou afligido e cada manhã, castigado. Se eu pensara em falar tais palavras, já aí teria traído a geração de teus filhos. Em só refletir para compreender isso, achei mui pesada tarefa para mim; até que entrei no santuário de Deus e atinei com o fim deles. Tu certamente os pões em lugares escorregadios e os fazes cair na destruição. Como ficam de súbito assolados, totalmente aniquilados de terror! Como ao sonho, quando se acorda, assim, ó Senhor, ao despertares, desprezarás a imagem deles. Quando o coração se me amargou e as entranhas se me comoveram, eu estava embrutecido e ignorante; era como um irracional à tua presença. Todavia, estou sempre contigo, tu me seguras pela minha mão direita. Tu me guias com o teu conselho e depois me recebes na glória. Quem mais tenho eu no céu? Não há outro em quem eu me compraza na terra. Ainda que a minha carne e o meu coração desfaleçam, Deus é a fortaleza do meu coração e a minha herança para sempre.*

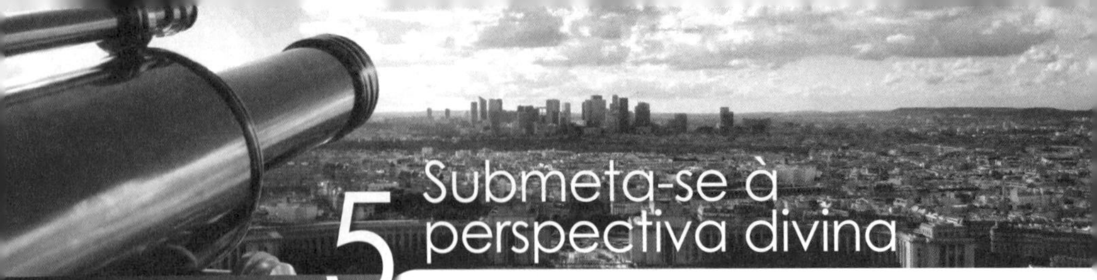

# 5 Submeta-se à perspectiva divina

**GUIA DE ESTUDO**

*leia as páginas 37–41*

**Para compreender a sabedoria e retidão de propósito de Deus**

PARA MEMORIZAR
Salmo 73:25

Quem mais tenho eu no céu? Não há outro em quem eu me compraza na terra.

## Quebra-gelo

De que maneiras nossa perspectiva é limitada por tempo e espaço? Como a perspectiva de Deus não tem obstáculos por essas limitações?

## Reflexão

**1.** Há momentos em que somos guiados por nossas emoções mais do que pela sabedoria de Deus. De que maneira isso pode ser perigoso para a nossa vida?

**2.** Na página 38, lemos esta citação de P. T. Forsythe: “Iremos um dia para a eternidade e veremos com gratidão que as recusas de Deus eram, às vezes, as mais verdadeiras respostas às nossas orações.” Esse conceito é fácil ou difícil de aceitar? Explique.

**3.** Releia no terceiro parágrafo da página 40 a citação de Oswald Chambers. Qual é a relação que ele estabelece entre a oração não respondida e a ação de Deus em nossas vidas?

## Um passo adiante

### Aplicação

Como Asafe vê Deus pessoalmente envolvido em sua vida no livro de Salmo 73:23-26? De que maneira tal conhecimento pode nos ajudar em tempos de lutas?

Por que o entendimento mais claro do coração de Deus mudou o desejo de Asafe daquilo que ele expressou nos versículos 2,3 para o que descreveu no versículo 25?

## Aprofundamento Leitura: Salmo 73:1-5,23-26

**1.** Asafe, o autor do Salmo 73, passou por um período difícil de decepção espiritual. Como ele descreve suas próprias reações às decepções da vida?

**2.** De quem Asafe tinha ciúmes? Por que ele se sentia dessa maneira? Você já experimentou esses pensamentos e sentimentos?

**3.** As conclusões de Asafe são corretas? Como a perspectiva de Deus ajudaria a corrigir o pensamento dele?

1 Com efeito, Deus é bom para com
Israel, para com os de coração
limpo. 2 Quanto a mim, porém,
quase me resvalaram os pés; pouco
faltou para que se desviassem os
meus passos. 3 pois eu invejava os
arrogantes, ao ver a prosperidade
dos perversos. 4 Para eles não há
preocupações, o seu corpo é sadio e
nédio. 5 Não partilham das cansei-
ras dos mortais, nem são afligidos
como os outros homens.

SALMO 73:1-5

23 Todavia, estou sempre contigo, tu
me seguras pela minha mão direita.
24 Tu me guias com o teu conselho e
depois me recebes na glória.
25 Quem mais tenho eu no céu? Não
há outro em quem eu me compraza
na terra. 26 Ainda que a minha
carne e o meu coração desfaleçam,
Deus é a fortaleza do meu coração
e a minha herança para sempre.

SALMO 73:23-26

## Momento de oração

Na página seguinte, utilize o artigo do *Pão Diário* como guia para o devocional e momento de oração, relacionando o artigo com o tema oração.

## Refletir

Em uma escala de 1 a 10 (10 sendo o maior), indique o seu nível de confiança em Deus como seu Pai celestial. Compartilhe uma situação da vida que o fez duvidar de Deus. Qual foi a questão? Ela afetou a sua fé? Você recuperou a confiança total em Deus? De que maneira?

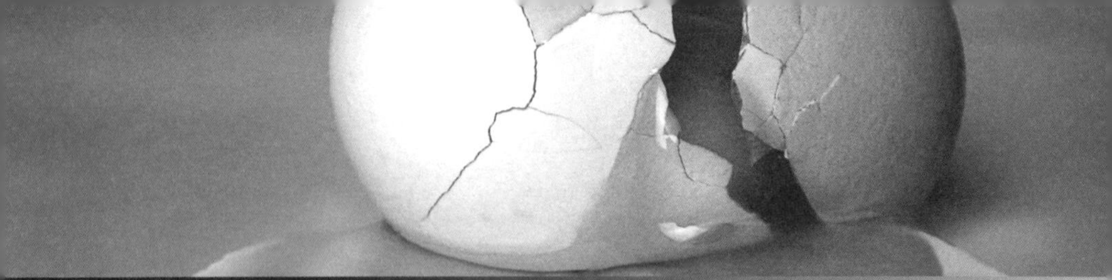



# Quando a vida parece injusta

Você já sentiu que a vida é injusta? Para aqueles, como nós, comprometidos em seguir a vontade e modo de vida de Jesus, é fácil frustrar-se quando pessoas que não se importam com Ele parecem se dar bem na vida. Um homem de negócios trapaceia e ainda ganha um grande contrato, e o rapaz que faz festa todo o tempo é robusto e saudável — enquanto você ou seus amados lutam com questões financeiras ou médicas. Isto nos faz sentir enganados, como se talvez tivéssemos sido bons sem ganho algum.

Se você já se sentiu assim, está bem acompanhado. O escritor do Salmo 73 lista como os perversos prosperam, e em seguida diz: "Com efeito, inutilmente conservei puro o coração..." (v.13). Contudo, a maré dos seus pensamentos muda quando ele se lembra do tempo na presença de Deus "...atinei com o fim deles" (v.17).

Quando investimos tempo na presença de Deus e vemos as coisas do ponto de vista dele, mudamos completamente a nossa perspectiva. Podemos ter ciúmes daqueles que não creem, mas não o teremos no momento do julgamento. Como diz o ditado, que diferença faz vencer uma batalha, mas perder a guerra?

Como o salmista, louvemos a Deus por Sua presença nesta vida e Sua promessa para a vida porvir (vv. 25-28). O Senhor é tudo o que você precisa, mesmo quando a vida parece injusta.

*—Joe Stowell*

Salmo 73:3

Pois eu invejava os arrogantes, ao ver a prosperidade dos perversos.

Acesse *Pão Diário* em **www.ministeriosrbc.org**

# 6

# Alegre-se em Deus enquanto espera

O salmista Asafe nos demonstrou que há mais em confiar em Deus do que apenas em submeter-se à Sua sabedoria. Outra maneira de tornar-se confiante na oração é aprender a se alegrar no Senhor enquanto se espera nele para atender suas necessidades. Nada pelo que esperamos pode se comparar ao privilégio de conhecer o Senhor. Nada mais é tão importante para nós quanto o próprio Deus.

É certo que haverá tempos em que estaremos sobrecarregados por nossos problemas e esmagados por nosso senso de decepção e pesar. Como Ana, haverá tempos em que nos sentiremos isolados com nossos anseios frustrados. Mas haverá muitas outras vezes quando poderemos rir de alegria pelo que Deus está fazendo por nós.

# Confiança no que você sabe sobre Ele

À medida que aprendermos a esperar em Deus, podemos começar a nos deleitar no que já sabemos dele. Podemos aceitar o convite do salmista para entrar nas portas do Senhor com ações de graça e nos Seus átrios, com hinos de louvor e bendizer-lhe o nome (Salmo 100:4).

## AGRADEÇA-O

Deus fez tanto por você. Se o seu chefe ou os seus pais tivessem feito um décimo deste tanto por você, sua gratidão seria expressa generosamente. Faça o mesmo com Deus.

> *... Senhor, Deus meu, graças te darei para sempre (Salmo 30:12).*

Jesus agradeceu ao Pai (Lucas 10:21). As orações de Paulo eram cheias de expressões de gratidão (Efésios 5:20). Nós também devemos dar alegres graças ao Senhor.

## LOUVE-O

Louvamos a Deus por quem Ele é, e o agradecemos pelo que Ele tem feito. A Bíblia está cheia de expressões de louvor ao Senhor.

> *Aleluia! Louvai, servos do Senhor, louvai o nome do Senhor. Bendito seja o nome do Senhor, agora e para sempre. Do nascimento do sol até ao ocaso, louvado seja o nome do Senhor (Salmo 113:1-3).*

Outras passagens de louvor ao Senhor estão incluídas nos livros de Salmo 146:1-2, Hebreus 13:15 e Apocalipse 4:11. Levante louvores a Deus em sua oração. Expresse a sua adoração em louvores. "Ele é o teu louvor..." (Deuteronômio 10:21).

# Confiança em Suas promessas

Outra maneira de se alegrar com Deus é regozijar-se nas promessas que Ele nos concede acerca da oração. Paulo citou três promessas nesta passagem clássica sobre a oração:

> *Não andeis ansiosos de coisa alguma; em tudo, porém, sejam conhecidas, diante de Deus, as vossas petições, pela oração e pela súplica, com ações de graças. E a paz de Deus, que excede todo o entendimento, guardará o vosso coração e a vossa mente em Cristo Jesus (Filipenses 4:6-7).*

## A PROMESSA DA PAZ DE DEUS

O antídoto da ansiedade é a oração. Deus nos promete a paz quando colocarmos nosso fardo em Seus ombros. Muitos cristãos testemunharão que quando estiveram nas profundezas do medo e levaram seus fardos para o Senhor, Ele lhes concedeu paz e eles puderam repousar seguros (Salmo 4:8). Por isso, podemos nos regozijar em saber que quando levarmos nossas preocupações, nossos fardos e cuidados ao Senhor, Ele nos dará a paz.

## A PROMESSA DA PROTEÇÃO DE DEUS

Nossos corações e mentes estarão protegidos quando oramos. Ele, que é a nossa fortaleza, nos guarda quando o inimigo ataca (Salmo 31:1-3). Por este motivo, podemos nos regozijar na proteção que reconhecidamente Ele nos dá.

## A PROMESSA DA PRESENÇA DE DEUS

Paulo a expressou desta maneira: "...e o Deus da paz será convosco" (Filipenses 4:9). Em nossas provações, ao atravessar vales, ou quando nos sentirmos mais sozinhos, a oração nos faz lembrar da presença de Deus. Podemos nos regozijar em Sua promessa de estar conosco onde quer que estejamos.

# 6 Alegre-se em Deus enquanto espera

**GUIA DE ESTUDO**

*leia as páginas 45–47*

PARA MEMORIZAR

Salmo 100:4

Entrai por suas portas com ações de graças e nos seus átrios, com hinos de louvor; rendei-lhe graças e bendizei-lhe o nome.

**Para regozijar-se com a presença de Deus em nossas vidas.**

## Quebra-gelo

Eu sou muito grato a Deus por

Eu posso agradecer a Deus porque

## Reflexão

**1.** Vemos duas respostas a Deus na página 46 que expressam nosso gozo nele. Quais são elas e o que as distingue uma da outra?

**2.** Lemos sobre três coisas diferentes que Deus nos prometeu na página 47. Quais são elas e por elas nos trazem um sentimento de confiança espiritual?

**3.** O autor diz: "O antídoto da ansiedade é a oração" (p.47). Você concorda que a oração pode superar a nossa ansiedade? Porquê?

## Um passo adiante

### Aplicação

O que você entende pela expressão "o nome do SENHOR" no Salmo 113? (vv.1,3). Por que o Seu nome deve ser o motivo do nosso louvor?

## Aprofundamento — Leitura: Filipenses 4:4-8

**1.** É importante saber que Paulo escreveu estas palavras enquanto estava preso em Roma. Qual foi a resposta dele àquelas circunstâncias, e de que maneira a resposta dele reflete a sua confiança em Deus?

**2.** O que significa "alegrar-se sempre no Senhor"? Por que um cristão é capaz de se alegrar em meio às ansiedades e orações aparentemente sem resposta?

**3.** O que representa a promessa "paz de Deus"? Como esta paz "guarda vossos corações e mentes" (v.7)? De que maneira o versículo 8 ajuda neste processo?

4Alegrai-vos sempre no Senhor; outra vez digo: alegrai-vos.
5Seja a vossa moderação conhecida de todos os homens. Perto está o Senhor.
6Não andeis ansiosos de coisa alguma; em tudo, porém, sejam conhecidas, diante de Deus, as vossas petições, pela oração e pela súplica, com ações de graças.
7E a paz de Deus, que excede todo o entendimento, guardará o vosso coração e a vossa mente em Cristo Jesus.
8Finalmente, irmãos, tudo o que é verdadeiro, tudo o que é respeitável, tudo o que é justo, tudo o que é puro, tudo o que é amável, tudo o que é de boa fama, se alguma virtude há e se algum louvor existe, seja isso o que ocupe o vosso pensamento.

### Momento de oração

Na página seguinte, utilize o artigo do *Pão Diário* como guia para o devocional e momento de oração, relacionando o artigo com o tema oração.

## Refletir

Você acha difícil alegrar-se sempre e dar graças em tudo, a despeito das circunstâncias? Por quê? Tomando o exemplo de Filipenses 4:8, em que você pode meditar para ajudá-lo a alegrar-se em Deus enquanto espera?

Reconhecer as suas bênçãos sempre tem início no Deus abençoador. Ao terminar este estudo, invista tempo para agradecer a Deus por quem Ele é e por tudo que Ele tem feito.

# Fuja das preocupações

Alguns anos atrás, nosso líder de estudo bíblico nos desafiou a memorizar um capítulo da Bíblia e recitá-lo para o grupo. Por dentro comecei a protestar e murmurar. Um capítulo inteiro, em frente de todo mundo? Eu nunca fui boa em memorização: me torcia de medo ao imaginar longas pausas enquano todos me olhavam, esperando pelas próximas palavras.

Alguns dias depois, relutantemente folheei minha Bíblia, procurando um conjunto de versículos para decorar. Nada parecia que ia dar certo até que encontrei o livro de Filipenses 4.

Eu li este versículo em silêncio: "Não andeis ansiosos de coisa alguma; em tudo, porém, sejam conhecidas, diante de Deus, as vossas petições, pela oração e pela súplica, com ações de graça" (v.6). Descobri, nesse momento, qual capítulo memorizar — e como fugir da minha ansiedade com esta tarefa.

Deus não quer que agonizemos sobre acontecimentos futuros, porque a preocupação paralisa a nossa vida de oração. O apóstolo Paulo nos lembra que em vez de lastimarmos, deveríamos pedir ajuda a Deus. Quando usamos esta abordagem continuamente com a ansiedade, a paz de Deus guardará os nossos corações e mentes (v.7).

Alguém disse certa vez com ironia: "Por que orar, quando podemos nos preocupar?" O argumento é claro: a preocupação não nos leva a lugar algum, mas a oração nos coloca em contato com o único que pode lidar com todas as nossas inquietações.

—*Jennifer Benson Schuldt*

FILIPENSES 4:6

Não andeis ansiosos de coisa alguma; em tudo, porém, sejam conhecidas, diante de Deus, as vossas petições, pela oração e pela súplica, com ações de graças.

Acesse *Pão Diário* em **www.ministeriosrbc.org**

7

# Ore de acordo com a Bíblia

A Bíblia foi escrita por pessoas que sentiram os mesmos desejos e enfrentaram as mesmas situações desencorajadoras que nós passamos. Às vezes, essas pessoas também desanimaram-se devido às circunstâncias. E sabiam o que era clamar a um Deus em silêncio, chegar ao fim de suas forças e sentir as emoções transbordarem. Mesmo assim, as pessoas da Bíblia são importantes para nós porque viveram o suficiente para recuperarem a alegria e a confiança em Deus.

Ao lutarmos com os nossos próprios medos e decepções, podemos renovar a esperança usando os pensamentos deles como um reflexo de nossos próprios corações e orações. O Salmo 42 é um bom exemplo. Com uma alma sedenta e abatida, o autor clamou ao Senhor e expressou de forma honesta as emoções de seu coração até redescobrir as verdades que tinha esquecido.

Primeiro, citaremos um versículo. Em seguida, mostraremos como você poderá orar, de acordo com o que a Bíblia diz:

*Como suspira a corça pelas correntes das águas, assim, por ti, ó Deus, suspira a minha alma. A minha alma tem sede de Deus, do Deus vivo; quando irei e me verei perante a face de Deus? (Salmo 42:1-2).*

"Senhor, essas palavras expressam o vazio que sinto, estou esgotado, cansado e fraco de tanto correr. Minha força se foi. Não sei por quanto tempo mais posso continuar. Se o Senhor não me ajudar, não conseguirei. Sei que um dia estarei em Tua presença. Mas eu anseio por ouvir a Tua voz agora. O que queres de mim? O que queres que eu faça?"

*As minhas lágrimas têm sido o meu alimento dia e noite, enquanto me dizem continuamente: o teu Deus, onde está? (v.3).*

"Pai, eu me questiono onde estás e por que não estás me ajudando. No passado, me dispus tanto a confiar em ti. Mas agora me sinto desconfortável quando estou com pessoas que me ouviram falar sobre quão leal e digno de confiança tu és."

*...como passava eu com a multidão de povo e os guiava em procissão à Casa de Deus, entre gritos de alegria e louvor... (v.4).*

"Era tudo tão diferente, Senhor. Eu me alegrava em ti na presença do Teu povo. Ríamos e orávamos juntos. Mas agora me sinto tão só. Esses tempos de alegria parecem tão distantes."

*Por que estás abatida, ó minha alma? Por que te perturbas dentro de mim? Espera em Deus, pois ainda o louvarei... (v.5).*

"Sim, Pai, eu compreendo melhor. Enquanto ouço minhas próprias queixas, sei bem no fundo que ainda tu mereces confiança. Sei que é certo continuar confiante em ti. Como o salmista, ainda acredito que, em Tua sabedoria e no tempo certo, tu me ajudarás. Sei que sorrirei novamente e que está chegando o dia em que te louvarei. Ó Senhor, como anseio por esse dia."

## PASSAGENS DA BÍBLIA PARA UTILIZAR NA ORAÇÃO QUANDO ESTIVER:

**Em perigo:** Salmo 91
**Perturbado pelo pecado:** Salmo 51
**Deprimido:** Salmos 34;139
**Preocupado:** Filipenses 4
**Enfrentando uma crise:** Salmo 121
**Solitário:** Salmo 27
**Desanimado:** Salmos 23;42
**Alegre:** Salmo 100
**Agradecido:** Salmo 136
**Em dúvida:** Hebreus 11
**Precisando de coragem:** Josué 1
**Buscando perdão:** Salmo 32
**Tentado:** Salmo 1; Tiago 1:13-17
**Confuso sobre o amor:** 1 Coríntios 13
**Precisando de conforto:** 2 Coríntios 1
**Precisando de confiança:** João 3
**Incomodado com o sucesso do mundo:** Salmo 73
**Com dificuldade em confiar:** Mateus 6:28-33

*Contudo, o* S*ENHOR, durante o dia, me concede a sua misericórdia, e à noite comigo está o seu cântico, uma oração ao Deus da minha vida (v.8).*

"Acredito que está chegando o dia em que me permitirás experimentar a Tua bondade. Acredito que novamente me concederás louvores à noite."

*Digo a Deus, minha rocha: por que te olvidaste de mim? Por que hei de andar eu lamentando... (v.9).*

"Pai, embora eu saiba que me ajudarás, meus medos ainda me atingem como ondas sobre mim. Apesar da minha fé em ti, e mesmo sabendo que tu és minha rocha e esconderijo, ainda me sinto esquecido e sozinho. Por que permites que um filho Teu gaste tempo em lamentos em vez de louvor?"

*Por que estás abatida, ó minha alma? Por que te perturbas dentro de mim? Espera em Deus, pois ainda o louvarei, a ele, meu auxílio e Deus meu (v.11).*

"Sim, eu ainda te louvarei, Senhor, pois és a minha única esperança. Eu te louvo por Tua bondade. Perdoa-me por duvidar de ti. Esperarei no Senhor para recuperar a minha alegria!"

## SUA PRÓXIMA ORAÇÃO

Ela pode mudar sua vida. Volte para a página 6. Como você preencheu os espaços em branco? Alguma decepção da página 8 o afeta?

É tempo de agir! Peça a Deus para ajudá-lo a tomar a decisão de avançar em meio aos obstáculos, superá-los e comece a orar como preferir. Ao sentir desânimo, não permita que isso o interrompa. "Ore até conseguir." Continue orando. Logo a sua confiança na oração será renovada.

Por outro lado, talvez você precise começar pelo passo mais básico de todos. Quem sabe ao ler este livreto, enquanto você lia este livreto, você sentiu que realmente não cultiva um relacionamento pessoal com Deus e tenha reconhecido que é um pecador (Romanos 3:23). Se isso aconteceu, saiba que:

- **Por si mesmo, você não pode se salvar** (Efésios 2:8-9).
- **Jesus, o Filho imaculado de Deus, viveu a vida perfeita que nós nunca poderíamos viver** (1 Pedro 2:22).
- **Jesus morreu na cruz para pagar o preço por todos os nossos pecados** (1 Coríntios 15:3-4).
- **A ressurreição de Cristo é prova de que o Seu sacrifício foi aceitável a Deus** (Apocalipse 1:4-6).
- **Recebemos o Senhor Jesus como nosso Salvador pela fé** (João 3:16).

Peça a Deus que o livre do castigo merecido por seus próprios pecados. Confie nele para lhe resgatar. Você descobrirá que este pedido será a oração mais importante que você já fez em sua vida. É a oração da salvação, o seu pedido para ser salvo por Cristo. É o alicerce inabalável para todas as outras orações que você oferecerá a Deus.

# GUIA DO LÍDER E DO APRENDIZ

## Visão Geral das Lições

| ESTUDO | TÓPICO | TEXTO BÍBLICO | LEITURA | PERGUNTAS |
|---|---|---|---|---|
| 1 | A dificuldade com a oração | *Salmo 13:1-6* | pp.6-9 | pp.10-11 |
| 2 | Aproxime-se de Deus por meio do único Mediador | *Hebreus 4:14-16* | pp.13-16 | pp.18-19 |
| 3 | Seja honesto sobre as suas queixas | *Salmo 51:10-17* | pp.21-27 | pp.28-29 |
| 4 | Converse em vez de apenas falar | *Apocalipse 3:15-20* | pp.31-33 | pp.34-35 |
| 5 | Submeta-se à perspectiva divina | *Salmo 73:1-5; 23-26* | pp.37-41 | pp.42-43 |
| 6 | Alegre-se em Deus enquanto espera | *Filipenses 4:4-8* | pp.45-47 | pp.48-49 |

## Série mensagens para o púlpito
(para pastores e líderes de igreja)

Embora os estudos bíblicos da série *Descobrindo a Palavra* sejam, principalmente, para estudos individuais e em grupos, alguns pastores podem usá-los como base para uma série de mensagens sobre o mesmo tema. Os tópicos sugeridos e os textos correspondentes da seção Visão Geral das Lições podem ser usados como esboço para sermões em série.

## Como usar os estudos bíblicos da série *Descobrindo a Palavra*

**Individual — Estudo pessoal**

- Leia as páginas indicadas no texto.
- Reflita com atenção e responda as perguntas por escrito.

**Pequenos Grupos — Estudos bíblicos**

- Para valorizar o encontro do grupo, cada aprendiz deve cumprir as tarefas da lição antes da reunião.
- Tempo recomendado para o estudo: 45-55 minutos.
- Envolva o grupo no debate, buscando a participação de cada um dos aprendizes.

# CONHEÇA OUTROS ESTUDOS BÍBLICOS DA SÉRIE *DESCOBRINDO A PALAVRA*

**Davi e Manassés: superando o fracasso**
15x21 cm / 48 páginas
As vidas de Davi e Manassés são exemplos de como Deus usou o fracasso desses homens para fortalecê-los.
Cód.: Q8543

**Rute e Ana: aprendendo a caminhar pela fé**
15x21 cm / 48 páginas
A história destas mulheres traz ensinamentos sobre a caminhada de fé e ensinam mais sobre Deus.
Cód.: LD994

**Quando a caminhada fica difícil**
15x21 cm / 56 páginas
Entenda os diversos tipos de provações e porque elas afligem tanto. Descubra como Deus pode socorrê-lo e tornar o seu fardo mais suave.
Cód.: VH566

**Onde podemos encontrar conforto**
15x21 cm / 48 páginas
O apóstolo Paulo compartilha as suas descobertas no livro de 2 Coríntios e demonstra que a vida vale a pena mesmo em momentos de escuridão.
Cód.: LE174

**Marta e Maria: equilibrando as prioridades na vida**
15x21 cm / 48 páginas
Muitos esquecem que é necessário investir sabiamente o tempo. Marta e Maria aprenderam com Jesus quais as verdadeiras prioridades, sob a perspectiva de Deus.
Cód.: WJ137

**Quem é este homem que diz ser Deus?**
15x21 cm / 48 páginas
Neste estudo, o autor apresenta a doutrina da deidade de Jesus, com valiosas percepções sobre o caráter e qualidades de Jesus que certificam que Ele é Deus!
Cód.: VU999

**www.publicacoesrbc.com.br**

NOTAS:

NOTAS: